Jeux pour les 6-7 ans

Où suis-je ?

bayard jeunesse

Cet ouvrage est l'adaptation d'une série de six livres publiés par Kaisei-Sha, Tokyo, sous le titre *Game Books*.

Traduit du japonais par So Taniuchi
ISBN : 978-2-7470-2918-6

Bayard Éditions - 18 rue Barbès, 92120 Montrouge
Dépôt légal : septembre 2009
Imprimé en France par Pollina - n° L51160
Loi 49-956 du 16 juillet 1949 sur les publications destinées à la jeunesse

Où suis-je ?
Observe bien mon chapeau,
mes vêtements et mes patins !

Takeo a fabriqué un robot avec son jeu de construction.
Quelles sont les 3 pièces qu'il n'a pas utilisées ?

Par quel tuyau
l'eau va-t-elle sortir ?

À ton avis, quel chiffre est écrit derrière le cube ?
Quel chiffre est écrit derrière le cylindre ?

4
5
6
8
10
12

Le chat de Takeo
est marron, noir et gris.
Le bout de sa queue est noir
et il a des moustaches très courtes.
Lequel est-ce ?

À quel fantôme appartient
cette ombre ?
N'aie pas peur de bien
les observer pour trouver
la réponse.

Ils ont fait passer une ficelle dans les trous.
Quel chemin suit la ficelle derrière le carton ?

Combien y a-t-il de fleurs roses ? 10

Combien y a-t-il de fleurs jaunes ? 9

Y a-t-il plus de fleurs roses ou plus de fleurs jaunes ?

Cette image a été découpée en morceaux.
Mais il y a un morceau en trop ! Lequel est-ce ?

En haut, un carré rose. En bas, un carré noir.
À droite, un carré jaune. À gauche, un carré bleu.
Je suis au milieu. Où suis-je ?

En haut, un carré noir. En bas, un carré jaune.
À droite, un carré bleu. À gauche, un carré rose.
Je suis au milieu. Où suis-je ?

Trouve les deux montgolfières identiques.

Takeo doit aller chercher ce pauvre petit chien le plus rapidement possible. Par où faut-il passer ?

Au départ, il y avait 
dans chaque assiette.
Combien de beignets chaque enfant a-t-il mangé ?

D'après toi, quel chapeau est le plus grand ?

J'ai découpé une fleur dans la page de droite.
Mais... on dirait qu'il y a quelques erreurs.
À toi de les trouver !

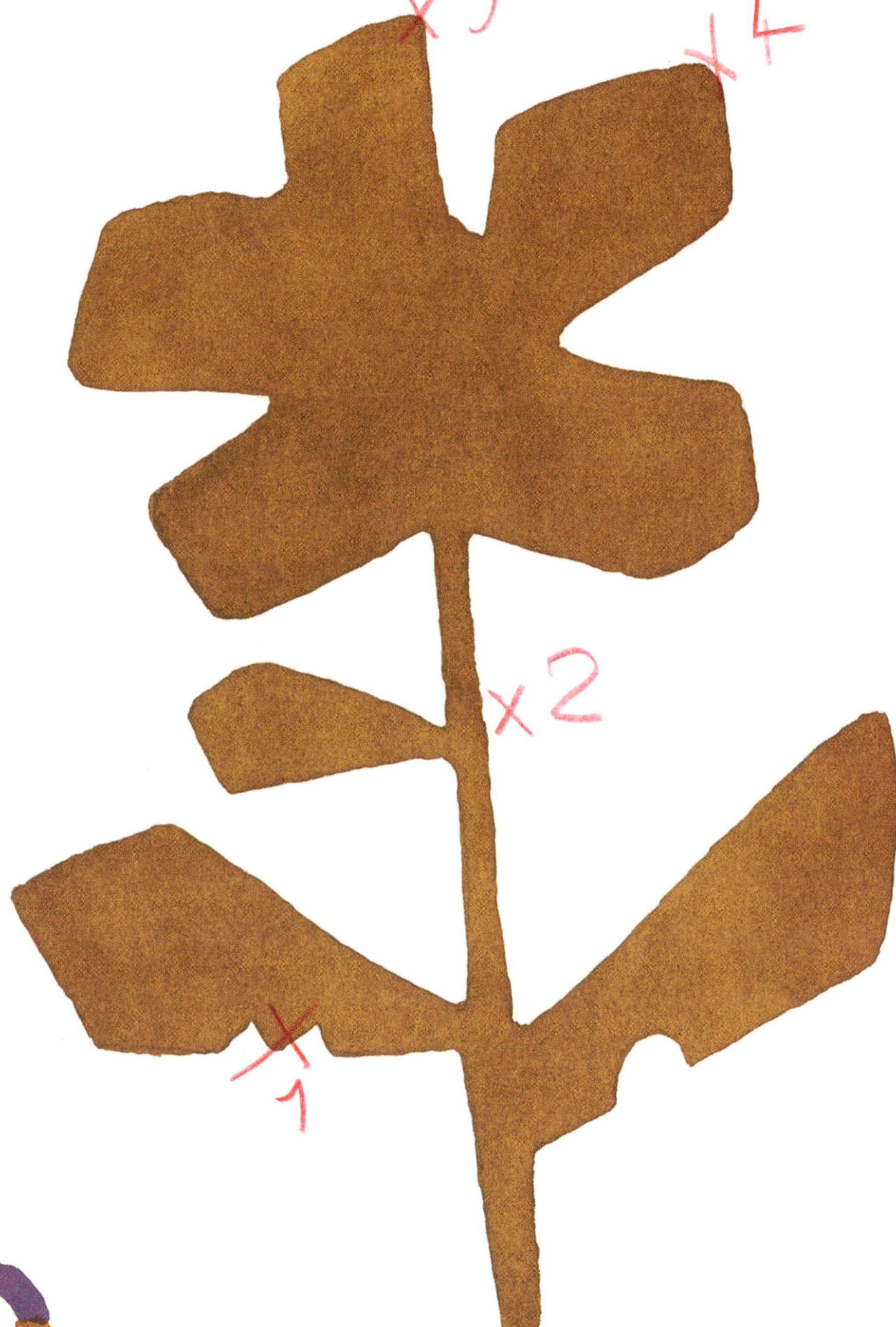

Avance sur les cases en additionnant les chiffres.
Par quel chemin obtiendras-tu le plus petit résultat ?

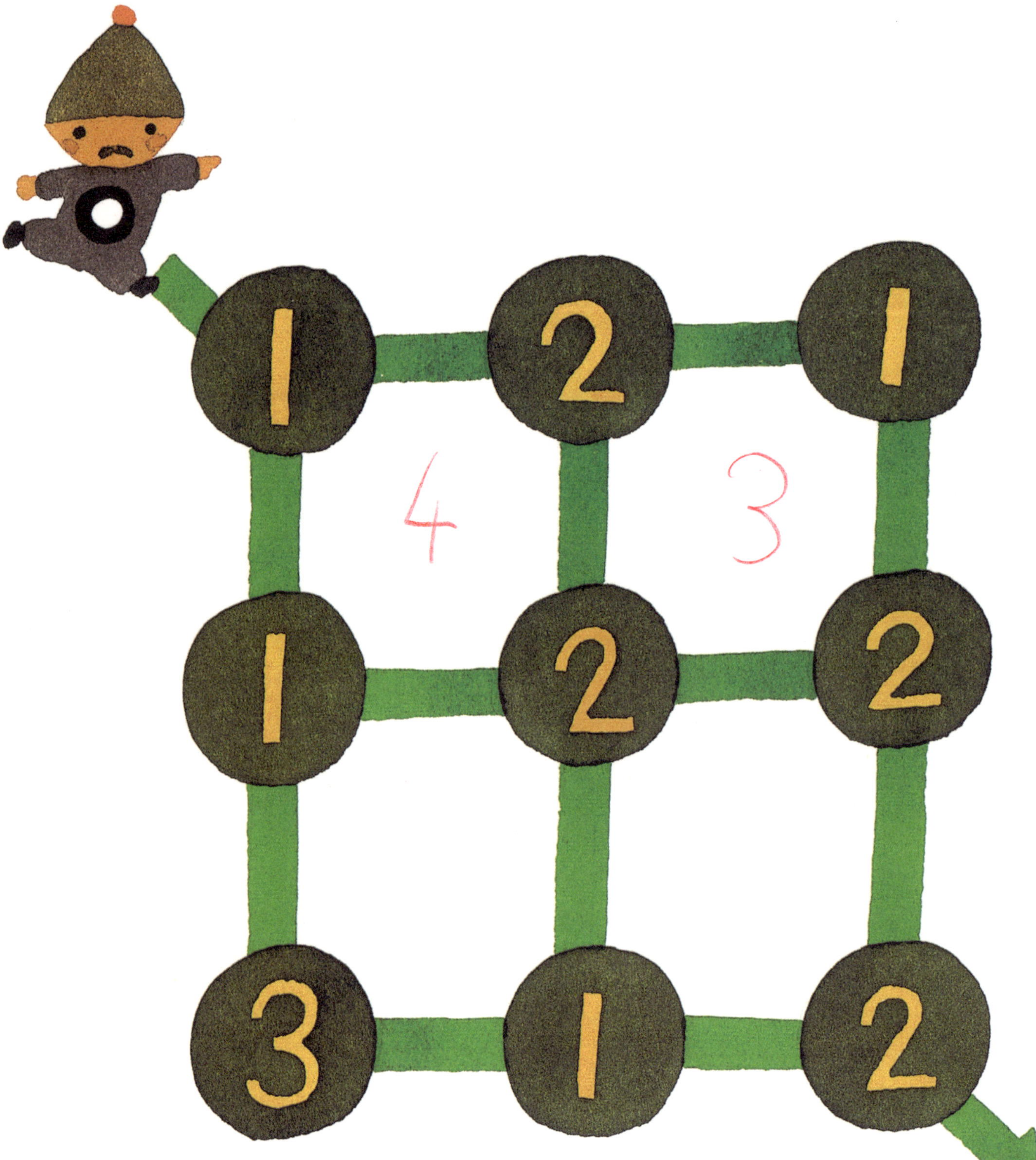

Essaie aussi avec ces cases.

J'ai fabriqué une autruche !
Quelles sont les 6 pièces
que je n'ai pas utilisées ?

Quels sont les deux cubes identiques ?
Observe bien la position des couleurs.

Voici mes camarades de classe.
Mon meilleur ami se trouve au 2e rang
en partant du bas et à la 3e place
en partant de la gauche. Lequel est-ce ?

Mmm... les belles fraises mûres !
Combien de fraises peut avoir chaque enfant ?

Laquelle est la fusée de Takeo ?
On a fermé le hublot.
La reconnais-tu ?

J'ai pris une photo.
De quelle partie de la ville s'agit-il ?

Il y a quelque chose qui cloche dans cette ombre !
Trouve 10 différences.

X 4
X 3
X 3
X2

Trois de mes amis habitent
dans cet immeuble.

Mon premier ami
habite au 5e étage,
5e fenêtre en partant
de la droite.

Mon deuxième ami
habite au 3e étage,
7e fenêtre en partant
de la gauche.

Mon troisième ami
habite au milieu
du 6e étage.

Peux-tu me montrer
où ils habitent ?

J'ai découpé un rectangle de papier en deux morceaux.
Sauras-tu retrouver la partie manquante ?

L'enfant habillé en bleu a plus de pommes que les autres. Mais si tu donnes des points à chaque pomme selon sa couleur, comme ceci :

10 points 5 points 2 points 1 point

quel enfant a le plus de points ?

Du même auteur
chez Bayard Jeunesse

Qu'est-ce que c'est ? Comment c'est ? — Noms et adjectifs
Que fait-on ? Comment dit-on ? — Verbes, adverbes et expressions
Combien y en a-t-il ? — Jeux pour les 4-5 ans